Liebe(r) . . . .

Zum Tag deiner Erstkommunion
wünsche ich dir

. . . .

. . . .

. . . .

Dein(e) . . . .

Man sieht nur mit dem Herzen gut

Erinnerungsalbum zur Erstkommunion

MIT BILDERN VON NINA CHEN
HERAUSGEGEBEN UND ERZÄHLT VON
CLAUDIA PETERS

Patmos Verlag

Das ist dein Tag!

Liebes Erstkommunionkind, es geht um dich.
Auch du bist, wie es im Titel deines Erinnerungsalbums
heißt, ein »kleiner Prinz« bzw. eine »kleine Prinzessin«.
Vielleicht wusstest du das ja bis jetzt noch gar nicht?
Aber du wirst es bald verstehen, wenn du dieses Album
angeschaut hast:
Du bist etwas Besonderes, unverwechselbar, wichtig –
für deine Eltern und sicher noch für viele andere
Menschen – und natürlich auch für Gott ☺.
Vergiss das nie: Du bist wirklich einmalig und unfassbar
wertvoll.
Wie gut, dass es dich gibt!

Von Prinzen und Prinzessinnen

»Ich soll ein Prinz sein?«, denkst du jetzt vielleicht,
»ein künftiger König?«
Wahrscheinlich fühlt es sich nicht immer so an.
»Für dieses und jenes bist du noch zu jung«, sagen
die Erwachsenen oft.
Und: »Werde erst mal ein bisschen älter, dann
kannst du das haben, sagen, tun ...«

Aber wirklich:
In dir steckt ein kleiner König, eine kleine Königin.
Vielleicht kannst du es selbst noch nicht glauben, aber
du kannst ein paar Dinge, die Erwachsene nicht können.
Und du hast ein paar Dinge, die Erwachsene nicht
besitzen.
Du bist reich – sehr reich sogar!
Warum?
   Das wirst du im Lauf dieses Buches erfahren!

   Um das alles verstehen zu können, musst du wissen,
      dass es eine ganz berühmte Geschichte gibt, die
         »Der kleine Prinz« heißt.
      Sie ist von Antoine de Saint-Exupéry, wurde in
         über hundert Sprachen übersetzt und ist auf der
         ganzen Welt bekannt.
      Antoine de Saint-Exupéry hat die Geschichte
         für seinen besten Freund aufgeschrieben, als
         der noch ein Kind war. Ich erzähle dir kurz, wie
         sie geht:

Der kleine Prinz

Einmal hatte Antoine mit seinem Flugzeug eine Panne in der Wüste Sahara. Er war nämlich Pilot. Ganz alleine machte er sich nun an die schwierige Reparatur. Er hatte aber nicht einmal für acht Tage Trinkwasser dabei. Wenn es ihm nicht gelang, das Flugzeug rechtzeitig zu reparieren, würde er hier sterben! Am ersten Abend schlief er irgendwann vor Erschöpfung einfach im Sand ein.

Als es hell wurde, weckte ihn ein kleines, höchst sonderbares Kerlchen mit goldblondem Haar: der kleine Prinz. »Mal mir ein Schaf«, sagte der kleine Besucher zu ihm. Dem Piloten wurde es ganz warm. Etwas malen – das hatte er zuletzt getan, als er sechs Jahre alt war. Damals war er sich sicher: Er wird einmal ein großartiger Künstler. Aber die Erwachsenen waren da wohl anderer Meinung …

Das kam so: Auf seiner ersten Zeichnung sah man eine Riesenschlange, die einen Elefanten verschluckt hatte. Doch die Erwachsenen fragten ihn: »Ist das ein alter Hut?« Auch sein zweites Bild – eine Schlange von innen – erkannte niemand. Da war er total enttäuscht. Und hatte einfach keine Lust mehr, den Erwachsenen immer wieder alles erklären zu müssen. Also gab er seine vielversprechende Laufbahn als Maler auf. Die Erwachsenen hatten ihm gesagt: Lern lieber was Anständiges! So was wie Geschichte, Rechnen und Erdkunde. Das tat wirklich weh! Niemand hatte ihn verstanden – und seine Bilder erst recht nicht. Und jetzt sollte er ein Schaf zeichnen …

Er versuchte es zunächst noch einmal mit der Zeichnung, die er damals mit sechs Jahren zum ersten Mal ausprobiert hatte. Doch der kleine Prinz sagte: »Ich möchte keine Riesenschlange, die einen Elefanten verschluckt hat, sondern ein Schaf!« Das war der Beginn einer großen Freundschaft.

Während sich der Pilot daran machte, sein Flugzeug zu reparieren, saß der kleine Prinz daneben und erzählte ihm von sich: Er stammte von einem winzigen Planeten, dem Asteroiden B 612. Dort lebte er mit drei winzigen Vulkanen: zwei, die noch Feuer spuckten, und einem erloschenen. Aber der kleine Prinz putzte alle drei, also auch den erloschenen – man kann ja nie wissen!

Doch irgendetwas bedrückte den kleinen Kerl, da war sich der Pilot
sicher. Irgendetwas machte ihn traurig, aber er wollte nicht darüber
reden. Doch nach fünf Tagen gemeinsam in der Wüste erzählte ihm
der kleine Prinz schließlich die Geschichte, wie er hierher, mitten in
die Wüste, neben sein Flugzeug gelangt war:

Als er noch auf seinem Planeten lebte, entdeckte der kleine Prinz eines Tages eine wunderschöne Blume, eine Rose. Er hatte noch nie vorher eine Rose gesehen, es war die einzige auf seinem Planeten, und der kleine Kerl hatte sie sehr lieb gewonnen. Die beiden redeten viel. Die Rose wollte extra für den kleinen Prinzen schön sein und tat alles, um ihm zu gefallen. Aber sie war auch sehr stolz und manchmal ganz schön schwierig. Darüber ärgerte sich der kleine Prinz ziemlich. Und nicht nur das: Er wurde immer unglücklicher, wenn er sie besuchte und mit ihr sprach. Also beschloss er, seinen Planeten schweren Herzens zu verlassen. Als er sich von der Rose verabschiedete, sagte sie zu ihm: »Ich hab dich sehr lieb!« Aber jetzt war es leider zu spät. Der kleine Prinz war schon im Aufbruch zu einer Reise, um einen Freund zu finden.

Nachdem er einige andere Planeten besucht hatte und den seltsamsten Leuten begegnet war, landete er schließlich auf der Erde – mitten in der Wüste. Eigentlich dachte er, er würde hier ganz viele Menschen treffen. Aber an diesem Ort war alles öde und leer. Zunächst begegnete er nur einer Giftschlange, und sie kamen ins Gespräch. Der kleine Prinz fühlte sich einsam. Und so erzählte er der Schlange von seiner Blume. Und dass er schrecklich Heimweh nach ihr hatte. »Wenn du es eines Tages nicht mehr aushältst, dann kann ich dir helfen«, antwortete ihm die Schlange. »Wer mich berührt, den gebe ich der Erde zurück, aus der er gekommen ist.«

Der kleine Prinz behielt das in seinem Herzen und zog weiter. Kurz darauf begegnete er einem Fuchs. Er sehnte sich genau wie der kleine Prinz nach einem Freund. »Zähme mich!«, bat er den kleinen Kerl. »Was ist zähmen?«, fragte ihn der kleine Prinz. »Zähmen bedeutet, den anderen zu entdecken. Und auch, sich vertraut zu machen und damit einmalig füreinander zu werden«, sagte der Fuchs. Darüber musste der kleine Prinz erst mal nachdenken.

»Das Zähmen braucht allerdings Zeit und Geduld«, erklärte der
Fuchs weiter, »jeden Tag muss man sich ein Stückchen näher kommen. Feste Regeln sind wichtig, damit man sich auf den anderen
verlassen kann – und sich auf ihn freuen kann.«

Da erzählte der kleine Prinz auch dem Fuchs von seiner Blume.
»Weil du dich um sie gekümmert hast, weil du dich um sie gesorgt
hast, ist sie jetzt einzigartig für dich. Es gibt keine andere Blume, die
ist wie sie«, erklärte ihm der Fuchs. Auch darüber musste der kleine
Prinz erst einmal nachdenken. Zum Abschied schenkte der Fuchs
seinem gezähmten Freund ein Geheimnis: »Ohne das Herz verstehst
du nichts, bleibst du blind. Worauf es wirklich ankommt, was wichtig
ist, erkennst du nicht mit den Augen. Man sieht nur mit dem Herzen
gut.«

Die beiden saßen schon acht Tage in der Wüste fest, bis der Pilot
schließlich die ganze Geschichte des kleinen Prinzen kannte. Und
das Flugzeug war immer noch
nicht repariert. Wasser
hatten sie so gut
wie keines
mehr.

»Wir können jetzt hier sitzen bleiben und verdursten, oder wir machen uns auf und suchen einen Brunnen«, schlug der Pilot schließlich vor. Also brachen sie auf. Stundenlang gingen sie stumm nebeneinander her. Dem Piloten war selbst schon ganz schwindelig vor Durst, aber er trug seinen kleinen Freund schließlich auf Händen durch die sternenhelle Wüstennacht. Und dann fanden sie tatsächlich einen Brunnen, der ihnen das Leben rettete. Endlich konnten sie ihren Durst stillen.

Mit neuer Kraft machte sich der Pilot am nächsten Tag an die Reparatur seines Fliegers. Und als er abends zu der Stelle am Brunnen zurückkehrte, rief er schon von Weitem: »kleiner Prinz, das Flugzeug funktioniert wieder! Ich kann nach Hause fliegen!« Doch der kleine Prinz war in ein Gespräch vertieft. Als der Pilot näher kam, sah er, dass es die Schlange war, mit der er sprach.

»Ich habe zu Ende nachgedacht«, sagt er dem Piloten, als die beiden schließlich wieder allein waren. »Der Fuchs hat mir gesagt: Wenn man jemanden gezähmt hat, dann ist man auch für ihn verantwortlich. Ich habe meine Rose gezähmt. Und jetzt muss ich zu ihr zurück, weil ich für sie verantwortlich bin und wissen muss, wie es ihr geht.« Der Pilot ahnte, was der kleine Prinz damit sagen wollte. »Geh nicht!«, bat er ihn, »bleib hier bei mir!« Aber der kleine Prinz antwortete ihm: »Ich kann heute Nacht auch wieder nach Hause fliegen, das habe ich mit der Schlange verabredet.«

Der Pilot war schrecklich traurig – er hatte den kleinen Kerl so lieb gewonnen! »Ich werde dir von meinem Stern ein Lachen schicken«, tröstete ihn der kleine Prinz. »Dann brauchst du nur nach oben zu sehen, um dich an mich zu erinnern. Und wenn du dann nachts zum Himmel schaust, wird es dir so vorkommen, als ob alle Sterne lachten, weil ich auf einem von ihnen wohne und auf einem von ihnen lache. Und wenn du dich einmal getröstet hast, wirst du froh sein, mich kennengelernt zu haben. Ich werde immer dein Freund sein.«

Das bin ich!

Hier kannst du
ein Foto von dir
einkleben.

Ich heiße . . . . Ich bin . . . Jahre alt und
wohne in . . . . Zu meiner Familie
gehören noch . . . . Meine liebste
Freizeitbeschäftigung ist . . . .
In der Schule mache ich am liebsten . . . .
. . . . Mein bester Freund / meine beste Freun-
din heißt . . . .

Das ist mein Planet

Ich wohne in

. . . .

. . . .

Das mag
ich an meinem Zuhause

. . . .

. . . .

. . . .

. . . .

Das mag
ich nicht an
meinem Zuhause

. . . .

. . . .

. . . .

Das würde ich mir wünschen

. . . .

. . . .

. . . .

. . . .

. . . .

In meinem Zimmer ist mir wichtig

. . . .

. . . .

. . . .

. . . .

Wenn ich Musik höre, höre ich am liebsten

. . . .

. . . .

. . . .

Meine Lieblingsfarbe ist

. . . .

Das sind meine Stärken

. . . .

. . . .

. . . .

. . . .

. . . .

Königskinder

Wie du schon weißt, bist auch du ein »kleiner
Prinz« oder eine »kleine Prinzessin«.
Prinzen sind die Kinder von Königinnen
und Königen. Und wie es sich für
Königskinder gehört, werden sie
gesalbt, wenn sie den Thron be-
steigen. Weißt du, was das ist?
Die Stirn wird mit einem kost-
baren Öl eingerieben. Das
zeigt dann ganz deutlich:

Dieser Mensch ist etwas ganz Besonderes. Einzigartig. Und selbst wenn das Öl abgewaschen ist: Er hat jetzt ein Kennzeichen auf der Stirn, und jeder sieht, dass er außergewöhnlich ist. Auch du bist einmal wie alle Königskinder gesalbt worden. Daran wirst du dich vielleicht nicht mehr erinnern, aber bei deiner Taufe ist das geschehen.

Durch die Taufe gehörst du zu einem ganz besonderen Königreich, dem (König-)Reich Gottes.

Damals wurde dir als Kennzeichen für dieses Königreich ein kleines Kreuz, das große Plus, mit sehr teurem Chrisamöl auf die Stirn gezeichnet. Wer auf dieses Zeichen baut und ihm vertraut – das ist der Glaube von uns Christen –, dem wird alles im Leben gelingen.

In der Bibel heißt es, dass wir Menschen zu Königen und Priestern gesalbt sind. Es meint nichts anderes als: Du bist und bleibst für immer und ewig ein geliebtes Kind Gottes!

Wasser aus einem besonderen Brunnen

Der kleine Prinz und der Pilot, so erzählt es die Geschichte, sitzen acht Tage in der Wüste fest, und das Flugzeug ist immer noch nicht repariert. Der Wasservorrat geht zu Ende und so machen sich die beiden auf die beinahe aussichtslose Suche nach einem Brunnen in der Wüste. Als sie ihn schließlich finden, ist das Wasser ein echtes Geschenk. Sie können nicht nur endlich ihren Durst stillen. So kurz vor dem Verdursten bekommen sie auch so etwas wie ein neues Leben geschenkt.

Als du getauft wurdest, hat man deinen Kopf mit beson-
derem, geweihtem Wasser übergossen – mit Wasser aus
einem besonderen Brunnen: Wasser, das dich stärken und
dir zu einem gelungenen Leben verhelfen möchte, in dem
Gott immer an deiner Seite ist.

Lass dir von deinen Eltern von deiner Taufe erzählen.
Schaut gemeinsam Fotos an.

Ich wurde getauft am . . . .

in . . . .

in der Pfarrgemeinde . . . .

Meine Taufpaten heißen . . . .

. . . .

Ein ganz besonderer Tag

Auch der kleine Prinz erfährt, dass manchmal etwas passiert, was für das ganze Leben von Bedeutung ist, zum Beispiel, als er dem Fuchs begegnet.

Besondere Momente kommen aber nicht immer so überraschend, wie man es vielleicht meint. Oft weiß man es im Voraus und freut sich schon, bereitet sich darauf vor. So wie der kleine Prinz auf seinem Planeten lange beobachtet hat, dass etwas Besonderes wächst: die Rose. Auch dein Tag der Erstkommunion kam nicht plötzlich. Du hast dich lange darauf vorbereitet. Und dann war er endlich da!

Mein großer Tag der Erstkommunion war am . . . .

In der Pfarrkirche . . . .

Ich habe ihn gemeinsam gefeiert mit . . . .

. . . .

Meine schönste Erinnerung an diesen Tag . . . .

. . . .

Das war meine Erstkommunionfeier

. . . .

. . . .

. . . .

. . . .

. . . .

. . . .

. . . .

. . . .

. . . .

. . . .

. . . .

. . . .

. . . .

. . . .

. . . .

. . . .

Hier kannst du das Liedblatt des
Gottesdienstes einkleben!

Freunde sind wie Sterne in der Nacht

Freunde zu haben ist wichtig, sogar überlebenswichtig, wie die Geschichte erzählt:
Der Pilot trägt seinen Freund, den kleinen Prinzen, auf Händen durch die Wüste und durch eine schwere Zeit. Er lernt durch ihn, was Freundschaft wirklich heißt. Und auch, was wirklich wichtig ist im Leben. Als sie sich am Ende trennen müssen, tröstet der kleine Prinz seinen Freund: »Dann brauchst du nur nach oben zu sehen, um dich an mich zu erinnern. Und wenn du dann nachts zum Himmel schaust, wird es dir so vorkommen, als ob alle Sterne lachten, weil ich auf einem von ihnen wohne und auf einem von ihnen lache. Und wenn du dich einmal getröstet hast, wirst du froh sein, mich kennengelernt zu haben. Ich werde immer dein Freund sein.«

Du warst mit anderen Kindern zusammen unterwegs auf dem Weg zur Erstkommunion. Vielleicht sind sogar neue Freundschaften entstanden.

Zu meiner Gruppe gehörten:

. . . .

. . . .

Meine Gruppe wurde geleitet von: . . . .

Lass auf dieser Seite deine Gruppenmitglieder persönlich unter-
schreiben – und vielleicht hat jemand ja noch einen guten Wunsch für
dich oder etwas anderes, das er dir mit auf den Weg geben möchte.

Die Gäste am Tag meiner Erstkommunion

Freunde sind was ganz Tolles! Aber dir sind sicher auch
deine Familie, deine Paten und die anderen Gäste wichtig,
die bei deiner Erstkommunionfeier dabei waren. Sie alle
haben hier Platz.
Gib das Buch einfach denen, die du magst. Und vielleicht
erfährst du dann auch noch etwas ganz Neues, nachdem
sie sich hier eingetragen haben.

Was hinter den Dingen steckt

Der Pilot hatte in seiner Kindheit gerne gemalt. Einmal malte er einen Elefanten, den eine Riesenschlange verschluckt hatte. Die Erwachsenen erkannten im Bild aber lediglich einen alten Hut. Sie hatten nämlich die Fähigkeit verloren, tiefer, mit dem Herzen zu sehen.

Auch wenn jemand einem anderen Menschen eine Rose schenkt, verschenkt er nicht einfach irgendeine Blume. Er drückt damit aus, dass er ihn sehr mag. Die Rose wird so zum Zeichen, zum Symbol für die Liebe. Das kann man der Rose aber nicht äußerlich ansehen, das begreift man nur mit dem Herzen.

Das Gleiche gilt auch für das verwandelte Brot und den verwandelten Wein während der Kommunion. Es ist dann mehr als »nur« etwas zu essen und zu trinken. Beides ist ein Zeichen dafür, dass Jesus mit dabei ist, dass er ganz da ist in diesen beiden Gaben und uns gewissermaßen »in Fleisch und Blut« übergehen will. Das kann man auch nicht mit den Augen sehen, sondern nur mit dem Herzen fühlen.

Gibt es für dich noch andere Gegenstände oder Erinnerungsstücke, die dir viel mehr bedeuten, als man ihnen von außen ansieht? Dein alter Teddy zum Beispiel oder die Muschel, die du letztes Jahr aus dem Urlaub mitgebracht hast.

Schreib sie hier auf:

. . . .

. . . .

. . . .

. . . .

. . . .

. . . .

Verstehen, was geht

Der kleine Prinz ist ein neugieriger und nachdenklicher kleiner Kerl. Er will verstehen, was er erlebt, und hat tausend und eine Frage. Und wenn er einmal eine Frage gestellt hat, so erzählt die Geschichte, gibt er keine Ruhe, bis er eine Antwort darauf findet oder bekommt.

Fragen sind enorm wichtig, wenn man verstehen will, was geht. Sicher hast du auch viele Fragen. Vielleicht fragst du dich: Warum brauchen wir so dringend Freunde? Wie findet man sie und wie geht Freundschaft eigentlich? Was steckt dahinter, wenn ich jemanden lieb habe? Es gibt aber auch das Gegenteil: Kriege und Konflikte. Menschen streiten und bekämpfen sich. Warum ist das so? Wie kann man das lösen? Viele Menschen verlieren dabei ihr Zuhause und müssen aus ihrer Heimat fliehen. Wie können wir helfen? Wie können wir unseren Planeten pflegen und unsere Umwelt bewahren?

Vielleicht schreibst du hier einfach einmal ein oder zwei deiner großen Fragen auf, die dich am meisten beschäftigen:

. . . .

. . . .

. . . .

. . . .

Keine Angst, du bist mit diesen Fragen nicht alleine. Den Erwachsenen geht es nicht anders. Vielleicht ergibt sich einmal eine gute Gelegenheit, bei der du mit deinen Eltern, Paten oder Freunden darüber reden kannst – so wie der kleine Prinz mit seinem Freund, dem Piloten.

Das liegt mir am Herzen

Der kleine Prinz hat ein großes Herz. Ihm ist nicht gleich-
gültig, was um in herum geschieht. Im Gegenteil: Sein
Planet, die Menschen, Tiere und Dinge, denen er zu Hause
und auf seiner Reise begegnet, liegen ihm am Herzen. Jeden Morgen nach dem Aufstehen kümmert er sich darum:

Er fegt die Vulkane, selbst den, der gar kein Feuer mehr spuckt. Er umsorgt seine Rose, auch wenn sie ihn manchmal echt nervt. Er interessiert sich brennend für die Menschen, Tiere und Pflanzen, denen er begegnet.

Denk doch einmal für dich darüber nach, wie du dich um deinen »Planeten«, deine Welt, in der du lebst, kümmern kannst. Was oder wer liegt dir am Herzen, ist dir wichtig? Kannst du etwas Besonderes, etwas, was vielleicht nur du kannst, damit die Welt ein bisschen schöner, bunter und froher wird?

Schreib es doch hier auf:

. . . .

. . . .

. . . .

. . . .

Dein Leben in der Schule, mit deiner Familie und deinen Freunden wird dir umso mehr Freude machen, je mehr Fantasie und Einfälle du hast und mit den anderen teilst. Dann wirst du selbst zu einem kleinen Prinzen auf deinem Planeten. Und was wirklich fantastisch ist: Was du teilst, verlierst du nicht. Es kommt doppelt und dreifach zu dir zurück.

Sei schlau wie ein Fuchs

Der kleine Prinz schließt Freundschaft mit dem Fuchs.
Hast du dich das auch schon mal gefragt: Wie geht
eigentlich echte Freundschaft?

Der Fuchs erklärt es dem kleinen Prinzen so: sich langsam näher kommen, einander kennenlernen, sich fragen: Was mag er, was mag er nicht? Dem anderen auch noch Luft lassen, nicht alles mit ihm zusammen machen. Aber auch: sich Zeit nehmen für den anderen, gemeinsam etwas unternehmen. Und da sein, wenn man sich verabredet hat, verlässlich sein, sodass der andere weiß: Wenn man etwas sagt, dann meint man es auch so. Und schließlich: sich verantwortlich fühlen für seinen Freund.

Was ist dir an Freundschaft besonders wichtig?

. . . .

. . . .

. . . .

Was wünschst du dir von einem echten Freund?

. . . .

. . . .

. . . .

Was meinst du:
Funktioniert Freundschaft mit Gott genauso?

. . . .

. . . .

Nach den Sternen greifen

Der Kleine Prinz zeigt uns, dass manches anders ist, als es auf dem ersten Blick aussieht: Hinter der sichtbaren Welt liegt ein großes Geheimnis, das uns schützt und bewahrt. Schlag deinen Eltern doch mal eine kleine Nachtwanderung vor. Sucht einen Weg aus, auf dem es möglichst wenig künstliches Licht gibt. Mit dem staunenden Blick in den Sternenhimmel könnt ihr genau erahnen, dass alles viel größer ist, als unser Auge es sehen und unser Verstand es fassen kann. Vielleicht kommen euch die Sterne ja dann wie Fenster vor, durch die der Himmel auf die Erde leuchtet?

Was wünschst du dir zur Erstkommunion?

Sicher hast du ganz oft in den letzten Wochen die Frage gehört: Was wünschst du dir eigentlich zur Erstkommunion? Ganz gewiss sind manche deiner Wünsche am heutigen Tag in Erfüllung gegangen. Auch der kleine Prinz hat viele Wünsche: einen Freund zu finden, dass es seiner Rose gut geht und – ganz wichtig – dass er wieder nach Hause findet. Das sind allesamt große Wünsche, die manchmal lange brauchen, bis sie in Erfüllung gehen.

Aber der kleine Prinz vertraut ganz fest darauf – und am Ende geschieht es auch.

Hier hast du Platz, um aufzuschreiben oder aufzumalen, welche großen und wichtigen Wünsche du für dein Leben hast. Was möchtest du einmal werden? Was ist dein größter Traum, der in Erfüllung gehen soll? Vielleicht schreibst du dir auch selbst einen kleinen Brief, den du hier einklebst und erst im nächsten Jahr oder noch später wieder öffnest. Du wirst staunen, wie groß die Kraft der Wünsche ist. Sie bringen dich dorthin, wohin du willst …

Das wünsche ich dir zur Erstkommunion

Nicht, dass du ein Überflieger bist,
sondern dass du zum Piloten deines Lebens wirst,
der seinen Kurs kennt und halten kann.

Nicht, dass immer ideale Bedingungen für dich herrschen,
sondern dass du Turbulenzen zu trotzen
und Stürme zu überstehen weißt.

Nicht, dass immer alles bleibt, wie es war und ist,
sondern dass du deine tiefsten Wünsche entdeckst
und deinen Träumen traust, sie behütest und pflegst.

Nicht, dass du möglichst viele Menschen likest,
sondern dass du echte Freundschaften schließen kannst
und auf echte, gute Freunde triffst in deinem Leben,

Nicht, dass du dein Leben beurteilst nach dem,
was du besitzt, was du erreicht hast,
sondern dass du ein Königskind bleibst,
das mit dem Herzen sieht,

das wünsch ich dir.

VERLAGSGRUPPE PATMOS

PATMOS
ESCHBACH
GRÜNEWALD
THORBECKE
SCHWABEN

Die Verlagsgruppe
mit Sinn für das Leben

Für die Schwabenverlag AG ist Nachhaltigkeit ein wichtiger Maßstab
ihres Handelns. Wir achten daher auf den Einsatz umweltschonender
Ressourcen und Materialien.

2. Auflage 2017

Umschlag- und Innengestaltung: Finken & Bumiller, Stuttgart
Umschlag- und Innenillustration: Nina Chen
Druck: Grafisches Centrum Cuno GmbH & Co. KG, Calbe
Hergestellt in Deutschland
ISBN 978-3-8436-0691-2